UNIVERSUM MEINER WUNDER

Wundertütenpoet

VON

TINA HÜSCH

DIE MÖGLICHKEITEN
VON WÜNSCHEN UND POESIE

Bibliografische Information der Deutschen Nationalbibliothek: Die
Deutsche Nationalbibliothek verzeichnet diese Publikation in der
Deutschen Nationalbibliografie; detaillierte bibliografische Daten
sind im Internet über dnb.dnb.de abrufbar.

ISBN: 9783754315217

Herstellung und Verlag: BoD – Books on Demand, Norderstedt

ABOUT ME

Ich finde jeden Tag aufs Neue Wunder in mir und liebe es, Luftschlösser zu erträumen.

Stundenlang kann ich den Wolken beim Figurenausdenken zuschauen und erfinde mich mit Rüschen, Kunterbuntem und Troddeln neu, sie gehören zu mir genauso wie Tiere, Blumen und Schokolade.

Mein Brot teile ich gerne mit Möwen, und wenn es regnet, helfe ich Regenwürmern, damit sie nicht überfahren werden.

Krabbelinsekten werden bei mir nicht erschlagen, und Spinnen vor die Tür gebracht.

In meiner Gegenwart wird es nie langweilig, da ich genügend Flausen für ein ganzes Wunderland in meinem Köpflein spazieren trage.

Komm mit, entdecke die Möglichkeiten Deines eigenen Universums und erlebe, wie Wunder geschehen.

Viel Spaß dabei, wenn Träume Wirklichkeit werden.

TINA

FÜR DAS

WUNDERKIND

IN MIR ...

Für alle,

die nie aufgehört haben,

an Wunder und die eigenen Träume zu glauben.

Für Dich,

weil Du auf dem Weg bist,

der Designer Deines Lebens zu werden.

INHALT

EINBLICK, EINSICHT, ERKENNTNIS ...

Während unserer gesamten Lebensreise haben wir immer einen Wunsch: „Wir wollen glücklich sein!"

Wünsche sind immer ein Ausdruck unserer eigenen Sehnsüchte, und alle unsere Sehnsüchte haben am Ende ein Ziel: glücklich und zufrieden zu sein. Dieses Glücklichsein hat zwar für jeden von uns ein anderes Aussehen, doch das Gefühl und der Geschmack von Glück, der letztendlich in der Zufriedenheit gefunden wird, ist für uns alle gleich.

Mit dem persönlichen Glücklichsein sind immer Wünsche verbunden; diese Wünsche leben in unseren Träumen und sind der Motor unserer Motivation. Wo uns kein Wunschtraum motiviert, sind wir nicht bei der Sache und alles geht nur sehr schleppend voran.

Somit dürfen Träume und Wünsche in unserem Leben nicht fehlen, sie sind die stillen Glückshoffnungen, die wir uns ausmalen und die unser Leben lebenswert machen.

Sie sind die Energie, die uns voranbringt, und ihr Gelingen wird letztendlich durch uns selbst gesteuert.

Denn unsere Gedanken sind magnetisch. Das, was wir denken, werden wir auch anziehen. Jeder Gedanke wird nicht umsonst gedacht, deshalb pass gut auf Deine Gedanken auf, denn sie werden zu Deinem Sein.

Gedanken haben Kräfte, die Einflüsse auf unser Leben nehmen. Diese Erkenntnis gilt es zu nutzen und nicht nur alleine unserem Verstand zu trauen, denn unser Bauchgefühl weiß oftmals vielmehr, als wir glauben.

14

Es ist so wichtig, immer an die Erfüllung der eigenen Wünsche und Träume zu glauben, denn nur wenn man unerschütterlich an sie glaubt, werden sie sich auch erfüllen können und zu unseren eigenen Wundern werden.

Die Erfüllung eines Wunsches ist wie das Erreichen eines großen Zieles oder das Gefühl eines langen glücklichen Sommersonnentags.

Aus diesem Grunde sollten wir alle unsere Wünsche und Hoffnungen nur mit positiven Aspekten besetzen und uns gedanklich bereits immer im erfüllten Wunsch sehen, denn so kann unser Außen – das wir Realität nennen – zu guter Letzt nicht anders, als unseren Wunsch wahr werden zu lassen.

Wenn jeder Mensch wüsste, wie schädlich negative Gedanken sind, dann würde es sie nicht mehr geben und wir alle wären unseren Wünschen ein großes Stück nähergekommen. Nutze dieses offene Geheimnis für Dich, indem Du Dir klar darüber wirst, dass nur Du Dein Leben gestaltest.

Je positiver Du dies tun wirst, umso schöner wird dein Dasein werden.

Visualisiere Deine Wünsche und mal sie in den buntesten Farben aus, denn je konkreter diese Wünsche bereits in Deinem Inneren leben, desto schneller können sie auch im Außen Gestalt annehmen.

Dennoch ist es sehr wichtig, das HIER und JETZT so zu akzeptieren, wie es gerade ist, und nicht mit Zwang etwas erreichen zu wollen, was im Moment – in welcher Form auch immer – nicht möglich ist.

Wenn Du akzeptierst, was ist, bleibst Du mit Deiner Energie bei Dir, so kannst Du Dich mehr und mehr entspannen, denn gerade das innere Entspanntsein ist wichtig dafür, dass unsere Wünsche in Erfüllung gehen können, denn nur in einem entspannten Zustand haben wir den Kontakt zu unserem höheren Selbst.

Diesen Zustand erreichen wir von Natur aus immer kurz vor dem Einschlafen und vor dem Aufwachen. Die Kunst ist es, diesen Zustand für sich selbst erschaffen zu können.

Hier können kleine Mantras behilflich sein, wie zum Beispiel:

- Ich bin
- Es ist, wie es ist
- Nicht ärgern, nur wundern

Dieser Zustand gelingt einem auch durch die dauernde Wiederholung der drei wundervollen Worte: Harmonie, Freude, Glück.

Durch gleichmäßiges Ein- und Ausatmen samt Wiederholung der Worte begibt man sich in einen entspannteren Zustand und kann Abstand vom Stress der Außenwelt nehmen. Wenn dieser Zustand erreicht ist, geht es darum, das Gefühl des bereits erfüllten Wunsches anzunehmen, indem man sich in Gedanken im tatsächlich erfüllten Wunsch sieht, und der Zauber beginnt.

Ziel ist es, dieses Gefühl möglichst lange in sich zu tragen und durch kurze Meditationen immer wieder in den Alltag zu integrieren, denn so werden Wünsche wahr und wir der Zauberer unserer eigenen Wunder.

Es gilt zu verstehen, dass wir aus purer Energie sind, und diese folgt immer der Aufmerksamkeit. Das, was uns umgibt, ist nichts anderes als unsere Gedanken der Vergangenheit. Das physikalische Gesetz der Anziehung gilt für alles, was ist. Denn wie Albert Einstein und Max Planck uns schon sagten: „Geist ist der Urgrund aller Materie", und somit sind wir das eigene Universum unserer Wunderwunschfabrik im Kleinen.

Glaube immer an das, was noch nicht ist, damit es werden kann.

Die sich daraus ergebende Formel sieht folgendermaßen aus:

Geist + Energie → Aufmerksamkeit = Materie

Aus dieser kurzen Herleitung können wir erkennen, dass wir viel weniger Opfer sind, als wir denken, denn eigentlich sind wir Macher!

Die Macher unseres Lebens, denn wir designen es selbst!

Gerade deshalb ist es wichtig, dem Leben gegenüber eine positive Grundhaltung zu entwickeln, sich selbst zu vertrauen und unerschütterlich an seine Träume zu glauben.

Suche nach Deinen eigenen Glücksquellen und tu mehr von den Dingen, die Dir guttun, umso mehr Freude wird in Dein Leben treten. Ignoriere, so gut wie Du eben kannst, alle Dinge, die Dich unglücklich sein lassen und spüre ihnen nicht nach. Denn die Zufriedenheit und das Glück halten mehr und mehr Einzug, wenn Du Dich um all das kümmerst, was Dich erfüllt und ausmacht.

Steck Deine gute Energie nicht in die Beseitigung von Dingen, die Dich unglücklich machen und auf die Du vielleicht gar keinen direkten Einfluss haben kannst, sondern lenke Deine Energien vielmehr dahin, wo Dein Glück sich zu Hause und Du Dich erfüllt fühlst.

Merk Dir, all das, worauf wir unseren Fokus richten, wird mehr und mehr verstärkt. Denn das Talent der glücklichen Menschen liegt darin, dass sie imstande sind, ihre Aufmerksamkeit dorthin zu lenken, wo auch ihre Freude ist, zu den Dingen, die sie aufbauen und froh sein lassen.

Es ist wichtig, sich auf eine Sache, die einem Spaß macht, konzentrieren zu können, denn nur so ist man 100 Prozent bei sich selbst und kann es schaffen, in einen Flow zu kommen, der ein erfüllendes und ausfüllendes Glücksgefühl mit sich bringt.

In der heutigen Zeit des Multitaskings ist es bedeutend, die Verbindung mit der eigenen Seele wiederherzustellen, damit man bei sich sein und somit glücklich werden kann. Denn wir allein sind der Designer unseres Lebens, und diese Tätigkeit können wir nur dann ausführen, wenn es uns gelingt, ganz bei uns zu sein und sich selbst wieder zu spüren.

Damit dies geschieht, ist es notwendig, sich gerade vor dem Schlafengehen nur mit guten Gedanken und Wünschen zu beschäftigen und sich keine Zeit für die Probleme zu nehmen, denn das Positive und Schöne, was man denkt, das nimmt man auch mit in den Schlaf, dort hat man die beste Verbindung zum Unterbewusstsein, wo man dem Magnetismus der eigenen Gedanken am nächsten ist und Wunder erschaffen werden können.

Es lebt in uns – unser Universum der Wunder – und wartet nur darauf, von uns entdeckt und genutzt zu werden.

Wenn wir an unseren eigenen **Wunschtraum** glauben, dann wird dieser auch zu uns kommen, er besteht aus so viel:

W - ahrnehmung
U - nbeschwert
N - euanfang
S - eligkeit
C - ourage
H - erzlichkeit
T - oleranz
R - etter
A - ufmerksamkeit
U - nendlich
M - otivation

Immer dann, wenn wir mit unserer **Wahrnehmung unbeschwert** einen **Neuanfang** wagen, hilft uns unsere **Seligkeit** mit **Courage** und **Herzlichkeit** dabei, für die eigene Person **Toleranz** aufzubringen, um unser eigener **Retter** zu werden.

Mit **Aufmerksamkeit** können wir **unendlich** daran arbeiten, immer genügend **Motivation** zu haben, an die Erfüllung unserer eigenen Träume zu glauben.

Zu wissen, dass man der Autor des eigenen Drehbuchs ist, hinterlässt ein wundervolles Glücksgefühl.

Denn es schließt das Wissen ein, dass man das nächste Kapitel neu erfinden und somit alles verändern kann.

Komm und schau, welcher Zauber da in uns wohnt und mit der Magie der Gedanken immer wieder einen neuen Anfang hervorbringen kann.

ZAUBER IN MIR

Tief in mir drinnen,
da gibt es einen Ort,
in dem bin ich daheim
und kann einfach nur sein.
Hier lernen meine Träume,
Wunder werden
und kommen zu mir auf Erden.
Erfüllen mein Leben mit Glück
und geben mir Frohsinn am Stück.
Ich mag dieses wundervolle Land,
in dem ich bau meine Burgen aus Sand.
Lass Seifenblasen dann über sie schweben
und erwecke alles zum Leben.
So kann ich mir immer neue Hoffnung geben.

Ich freue mich sehr, dieses offene Geheimnis der eigenen Wunderenergie mit Dir teilen zu dürfen.

Im Grunde unseres Herzens wissen wir alle, wie die Zaubermagie des Lebens funktioniert, doch leider lässt der Stress der Zeit sie uns so oft vergessen. Gerne zeigen Dir meine folgenden Gedichte den Weg zurück zum Eingang in Dein eigenes Wunderland.

KOMM MIT UND LASS DICH
VON DIR SELBST VERZAUBERN ...

ERSTER STREICH ...

Wenn Du **Mit dem Leben lachen** lernst und eine eigene **Playlist** Deiner **Wunderwünsche** erstellst, erhellst Du Dein **Ich** mit **Humor im Sonnenschein.**

Dann ist die **Erfüllung der Wunder** nicht mehr weit, **Glaube, damit es werden kann,** so erhältst Du einen **Führerschein** für Dein Leben und die **Flucht der Lust** stellt keine Gefahr mehr für Dich da.

Ich bin glücklich zu wissen, dass **Anfang und Ende** für **Mein Leben** ein runder Kreis sind, und verspreche Dir: **Wünsch dir was,** dann kriegste das.

MIT DEM LEBEN LACHEN

Ich will mit dem Leben lachen,
verrückte Sachen machen,
mich in mir ausleben
und niemals aufgeben.
Will greifen nach den Sternen
und den Regenbogen rutschen,
an Eiszapfen lutschen,
bis alle Sorgen verrutschen.

PLAYLIST

Wenn du glaubst,
dass dein Leben nicht okay ist,
dann schreib dir deine eigene Playlist.
Lass deinen Kopf zum Kino werden
und dir deinen eignen Film bescheren.
Glaube an alles, was noch nicht ist,
damit es werden kann,
denn so fangen täglich die Wunder von vorne an.

WUNDERWÜNSCHE

Das Universum erfüllt uns Wünsche,
als ob es keine Wunder wären,
lasst uns unseren Kosmos ehren,
dann wird er keine Träume verwehren
und immer neue Wunder gebären.

ICH ...

Ich glaube,
ich träume,
ich versäume
den Ernst aller Lagen,
wie traurig sie waren,
ich hoffe,
ich erwarte,
ich starte
das Wünschen.
Denn wenn ich wünsche,
gehören mir alle Trümpfe.

HUMOR IM SONNENSCHEIN

Erkenn das Glück,
wenn es vor dir steht
und seine Arme um dich legt,
damit es nie mehr vergeht.
Und so besteht das Glücklichsein
aus ganz viel Humor im Sonnenschein.

ERFÜLLUNG DER WUNDER

Es wäre ein Wunder gewesen,
doch ich bin von diesem Traum genesen.
Es wäre nicht realistisch gewesen,
denn ich hab nicht genug geglaubt
und mir so selbst meine Chance versaut.
Also denk daran,
ehe du es dir verbaust,
dass du an die Erfüllung deiner Wunder glaubst.

GLAUBE, DAMIT ES WERDEN KANN

Glaube an das,
was du dir wünschst,
auch wenn die anderen denken, du spinnst.
Glaube, damit es aus dem Land
der Träume entfliehen kann,
dann kommt es auch
beim Anstehen an der Sternschnuppenwunschschlange dran.
Denn nur so kann es zu Realität werden
hier auf Erden.

FÜHRERSCHEIN

Ich brauche `nen Führerschein für mein Sein,
dann kommt auch kein Unsinn rein.
Ich brauch `ne Gebrauchsanweisung fürs Leben,
dann kann ich durch mein Leben schweben.
Ich brauch ein paar Regeln für das Spiel,
so komm ich an mein Ziel.
Denn ich will nicht viel,
nur glücklich sein
und mich was traun,
auf meine eignen Träume baun.
So kann ich das Rätsel entschlüsseln,
das Geheimnis erkennen
und es Glauben nennen.
Denn das, was wir glauben, werden wir sein,
und das Leben der pure Sonnenschein.

The rocket bears the label "FLUG-ERLAUBNIS"

FLUCHT DER LUST

Meine Herzensangelegenheit
hat sich aus meinen Träumen befreit.
Sie hat ein Anliegen geboren
und es zur Erfüllung auserkoren.
Dieser Vorsatz schenkt mir Hoffnung,
ist mein Wille und mein Weg,
all mein Streben voll von Sehnsucht
ist vor Lust schon auf der Flucht,
und so ist es meine Sucht,
an das Gute zu glauben
und dem Bösen die Macht zu rauben.

ANFANG UND ENDE

Der Zauber lebt in dir,
die Magie ist deine Kraft,
mit dieser Erkenntnis bekommst du alles geschafft.
In dir liegt der Anfang und das Ende,
du allein bist die Wende.
Komm und schreib des Lebens schönste Bände,
sprühe GLÜCKLICH auf alle WÄNDE!

34

MEIN LEBEN

Alles, was ich mir vorstellen kann,
das ziehe ich auch an,
die Gedanken werden zu meinem Leben.
So erträume ich mein Sein,
lass das Glück nicht mehr allein.
Glaube an das, was mir gefällt,
damit es unsere Welt erhellt.

WÜNSCH DIR WAS...

Wünsch dir was,
dann kriegste das!
Wünsch es feste,
wünsch es gut
mit all deinem Herzblut
und dann sei gewiss,
dass am Ende
dein Wunsch bereits erfüllt ist.
Und vergiss,
damit es werden kann,
von Anfang an!

ERKENNTNISSE DES ERSTEN STREICHS ...

WIE gefällt Dir Deine Innenwunderwelt und die Vorstellung,
einen Lebensführerschein zu besitzen?
Lass Deine Gedanken hier und schreib sie nieder,
dann kommen sie als Wunder wieder ...

. . . .
. . . .
. . . .
. . . .
. . . .
. . . .
. . . .
. . . .
. . . .
. . . .
. . . .
. . . .

40

ZWEITER STREICH ...

Unsere Wünsche und Hoffnungen sind unser Lebenselixier.
Sie bringen uns voran, und ihre Erfüllung kann uns Flügel verleihen,
somit sind sie Teil einer großen Magie, die sich Leben nennt.

KOMM AN MEINE HAND UNS LASS MEINE GEDICHTE
TRAUMSCHLÖSSER FÜR DICH BAUEN.

Tief in mir ist ein **Stein ins Rollen** gekommen, der **Kein Nein** duldet,
und die **Wunschgeburt** meiner **Lebenswünsche** baut
Märchenschlösser für Dich.
Die **Frage aller Fragen** ist, wie man mit sich **Im Reinen sein** kann,
Ein Stück Religion für die Seele findet und der **Lebenszauberer** ganz
Befreit den **Grundriss eines Traums** zum Leben erweckt.

TIEF IN MIR

Das Universum in mir
verlangt als Wunsch das Du im Wir.
Es leben so viele in mir,
da ist ein riesiges Gewirr,
doch ich glaube an mein Ich
und so verzettele ich mich nicht.
Auch wenn wir ganz viele sind,
gibt mein Ich
meinem Wir den Sinn.

STEIN INS ROLLEN

Komm, bring den Stein ins Rollen,
du musst es nur wollen,
dir vorstellen können
und Vertrauen schenken,
dann kannst du die Wunder lenken,
sie wundervoll erschaffen,
denn in dir liegen die schönsten Waffen,
es ist das Lachen in deinem Leben,
so kannst du allem mit Humor begegnen!

KEIN NEIN

Das Universum kennt kein NEIN,
so kann alles SEIN.
Das Universum kennt kein OHNE,
so nimm alles mit
und dein Sein wird zum HIT.
Unternimm jetzt den nächsten Schritt
und mach dich für den Frohsinn fit.
Denn mit viel Liebe zum Detail
lässt du alle Wunder frei.
So beginnen sie zu fliegen
und werden kleine Wunder kriegen.

WUNSCHGEBURT

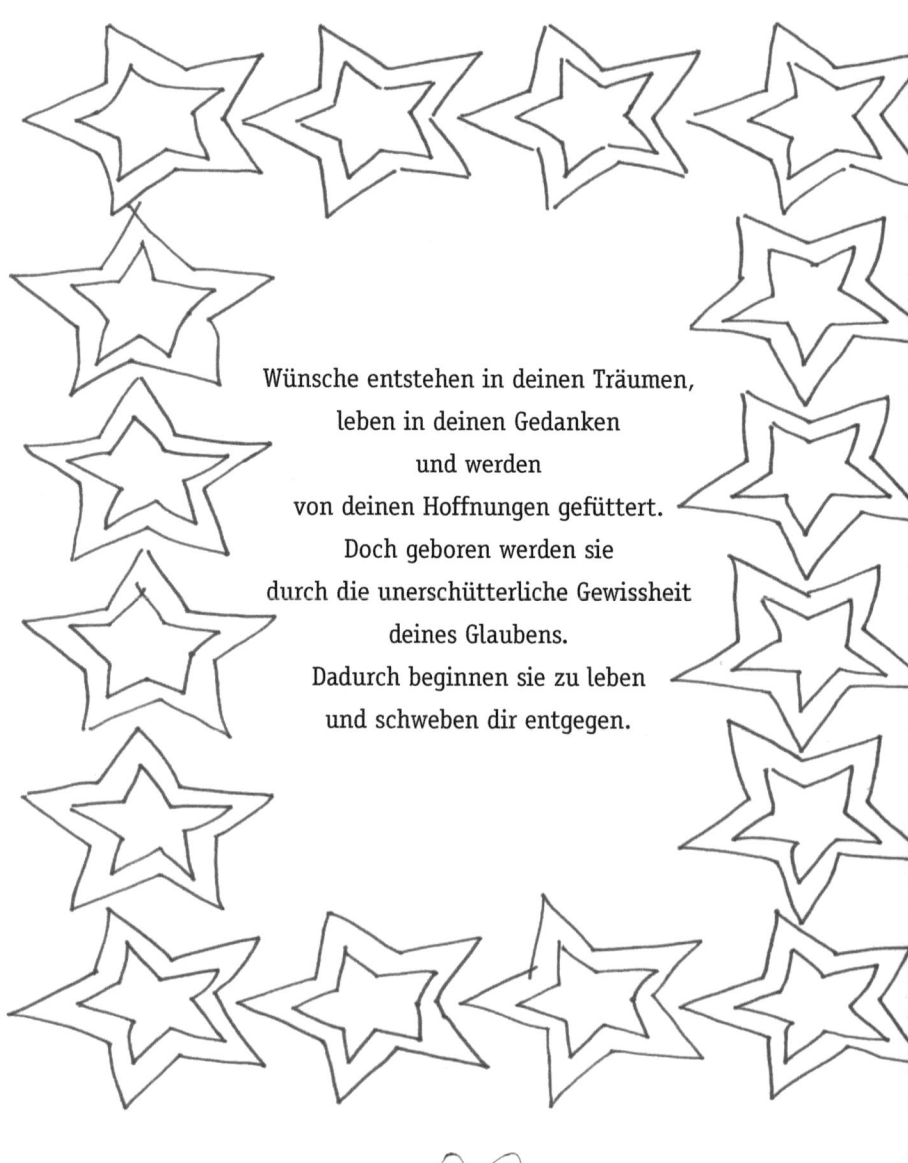

Wünsche entstehen in deinen Träumen,
leben in deinen Gedanken
und werden
von deinen Hoffnungen gefüttert.
Doch geboren werden sie
durch die unerschütterliche Gewissheit
deines Glaubens.
Dadurch beginnen sie zu leben
und schweben dir entgegen.

LEBENSWÜNSCHE

Glaub an dich und glaube an dieses Leben.
Glaube an deine Wünsche und glaube an Wunder,
dann wird alles passieren,
was in deinen Träumen schon lange lebt
und deinen Sinn des Lebens webt!

MÄRCHENSCHLÖSSER

Jede Sekunde atmest du ein,
du musst an nichts denken,
es läuft von allein.
So ist es auch mit den Wünschen,
du musst nur daran glauben,
dann kannst du dir
die schönsten Märchenschlösser erbauen.
Alles wird kommen, wie du denkst,
weil du selbst dein Leben lenkst.
Also feiere dein Sein,
denn du machst es ja allein!

FRAGE ALLER FRAGEN

Die Frage aller Fragen
kommt vor der letzten Tür.
Himmel oder Hölle?
Wofür warst du hier?
Und sind wir alle ein Wir?
Doch es spielt in mir und dir
auch die Unendlichkeit eine Rolle,
und so wird es immer wieder eine neue Runde geben,
das nennt man Leben.

IM REINEN SEIN

Wenn du an das glaubst,
was du denkst,
dann lenkst du ganz gekonnt dein Sein
und bist mit dir im Reinen.
Weinen ist dir fremd,
für dich wird immer die Sonne scheinen
und du wirst stets alles so meinen,
wie du es denkst,
denn du lenkst!

EIN STÜCK RELIGION

Deine Gedanken sind ein Stück Religion,
wenn du an dich glaubst,
bist du schon.
Mal mit mehr Herz als Verstand arbeiten
und in Träumen verweilen,
so ist die Zeit für die schönste Wende bereit,
es gibt keinen Streit
und alle Sternschnuppen geben dir Geleit!

LEBENSZAUBERER

Du bist deines Lebens Zauberer,
der Designer deines Seins,
der Maler deines Bildes,
der Autor deiner Geschichte.
Berichte nur die schönen Dinge,
erzähle vom Gelingen,
so kannst du große Wunder vollbringen.

BEFREIT

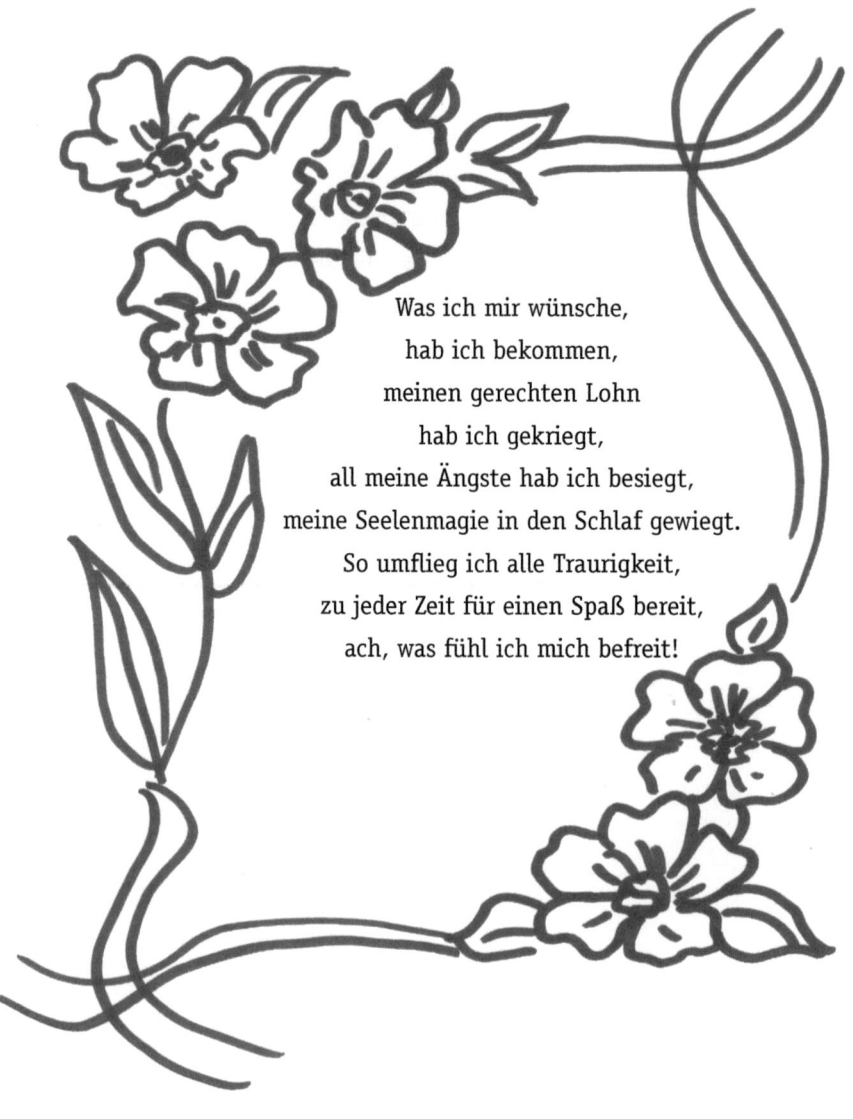

Was ich mir wünsche,
hab ich bekommen,
meinen gerechten Lohn
hab ich gekriegt,
all meine Ängste hab ich besiegt,
meine Seelenmagie in den Schlaf gewiegt.
So umflieg ich alle Traurigkeit,
zu jeder Zeit für einen Spaß bereit,
ach, was fühl ich mich befreit!

GRUNDRISS EINES TRAUMS

Ein Wunsch ist ein Wollen,
der Grundriss eines Traums
mit den tiefen Wurzeln eines Baums.
Ein absoluter Wille, ein Entschluss,
dem vom Universum stattgegeben werden muss.
Eine Anleitung fürs Glücklichsein,
ein Spielplan ganz für mich allein.
Das Programmheft meiner Seele,
der Bauplan meines Lebens,
so ist kein Wunsch vergebens.

ERKENNTNISSE DES ZWEITEN STREICHS ...

So unterwegs mit dem Lebensführerschein in Richtung erfüllte Wünsche
erwachen in einem immer weitere neue Träume und möchten in
der Wirklichkeit leben.
Schreibe alle Deine Träume auf, damit auch keiner verloren gehen kann.

. . . .
. . . .
. . . .
. . . .
. . . .
. . . .
. . . .
. . . .
. . . .
. . . .
                        . . . .
                        . . . .
                        . . . .
                        . . . .
                        . . . .
                        . . . .
                        . . . .
                        . . . .

58

DRITTER STREICH ...

Wenn Träume zur Realität werden, wird ein Wunder geboren.
Eine Wunschwundergeburt hinterlässt in unserm Leben eine tiefe
Zufriedenheit und Glück.

ERKENNE, DASS DU DEIN EIGENER WUNSCHERFÜLLER BIST, UND SO KOMMEN WEITERE GEDICHTE VON MIR ZU DIR ...

Vergiss allen **Tränentau** und lass Deine **Kleine Fee** mit Deinem
Wunschtraumvogel in Richtung **Hoffnungswunder** fliegen.

Sei **Für Wunder bereit**, denn **Nichts ist umsonst** gewesen in Deinem
Leben, erkenne die **Chance in allem**.

Lass **Mitten in der Lebenszeit** einen unerschütterlichen **Glauben** in
Deiner Seele wachsen und nimm frischen **Fahrtwind** auf, damit auf Deinem
Lebensetikett „Wundervoll" stehen kann.

TRÄNENTAU

Manchmal sind alle Hoffnungen offen
und der Himmel hüllt sich in Grau.
Man sucht vergebens nach dem Blau
und alle Tränen gleichen Tau.
Doch es ist nie zu spät,
an das Gute zu glauben
und den schlechten Energien
ihren Willen zu rauben,
so wird das Wundervolle kommen,
sei ganz besonnen,
dann wird die Freude wiederkommen,
bei dir bleiben und ihre Kekse mit dir teilen.

KLEINE FEE

Mein Leben ist ein Märchen
und ich die kleine Fee,
mit einer Tasse Tee
lieg ich im grünen Klee
und weiß, mein Märchen endet gut,
denn mein Herz ist voll von Mut!

WUNSCHTRAUMVOGEL

Alle meine Träume sind Vögel,
sie können fliegen
und so die Wirklichkeit am Kragen kriegen.
Sie werden zu Realität,
so ist es für meine Verrücktheiten nie zu spät,
alles gerät zu einem wundervollen Sein,
für meinen Wunschtraumvogel im Sonnenschein!

HOFFNUNGSWUNDER

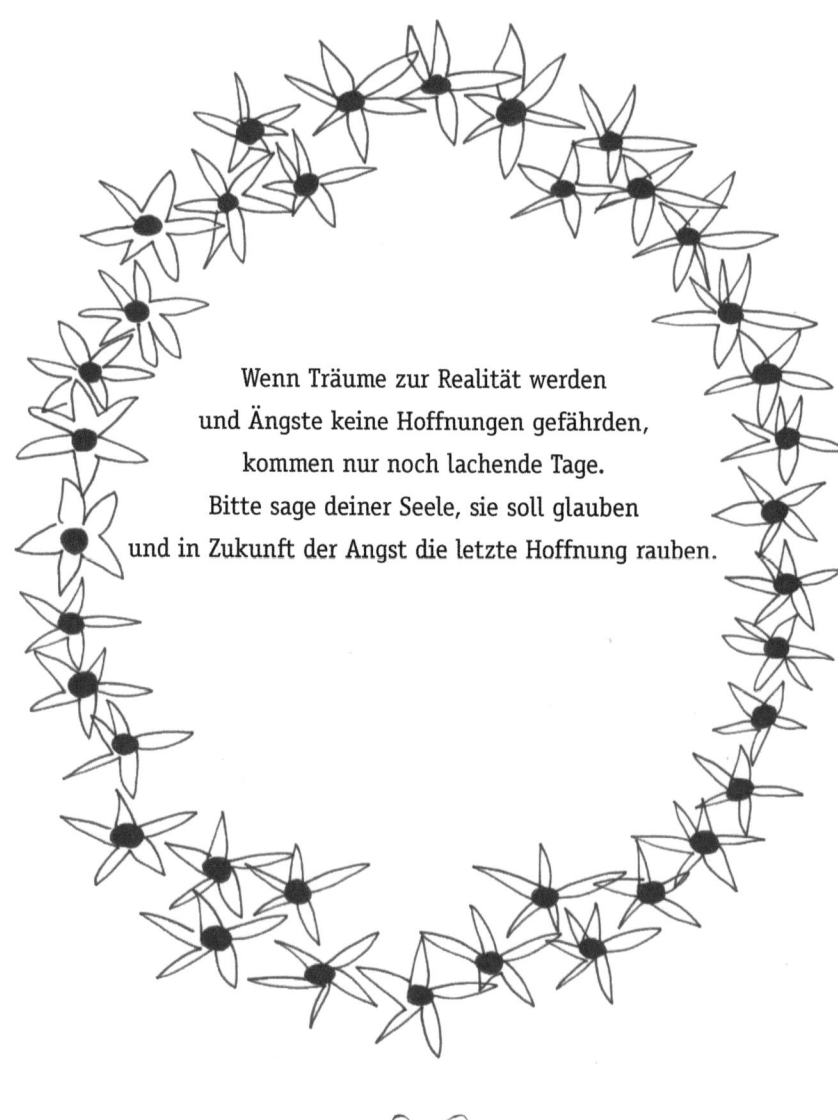

Wenn Träume zur Realität werden
und Ängste keine Hoffnungen gefährden,
kommen nur noch lachende Tage.
Bitte sage deiner Seele, sie soll glauben
und in Zukunft der Angst die letzte Hoffnung rauben.

FÜR WUNDER BEREIT

Gib dir selbst deine Sicherheit,
dann bekommst du Zufriedenheit
auch in einer schwierigen Zeit,
so bist du für Wunder und Frohsinn bereit.

NICHTS IST UMSONST

Nichts, was du tust,
tust du umsonst,
alles kommt auf dich zurück,
wenn auch nicht direkt
oder am Stück.
Alles Gute,
alles Schlechte,
alles Echte.
Denk immer daran,
was du auch tust,
und sei gewiss,
dass das Ende deines Tuns abzusehen ist.
Vielleicht nicht direkt in diesem Leben,
doch irgendwann wird's sich ergeben.

CHANCE IN ALLEM

Alles steckt in allem
und somit auch in uns.
Nichts ist unmöglich
und nichts ist umsonst.
Nichts ist Schicksal,
sondern Chance.
So nutze alle Möglichkeiten,
wenn sie sich dir zeigen,
dann werden sie auch bleiben!

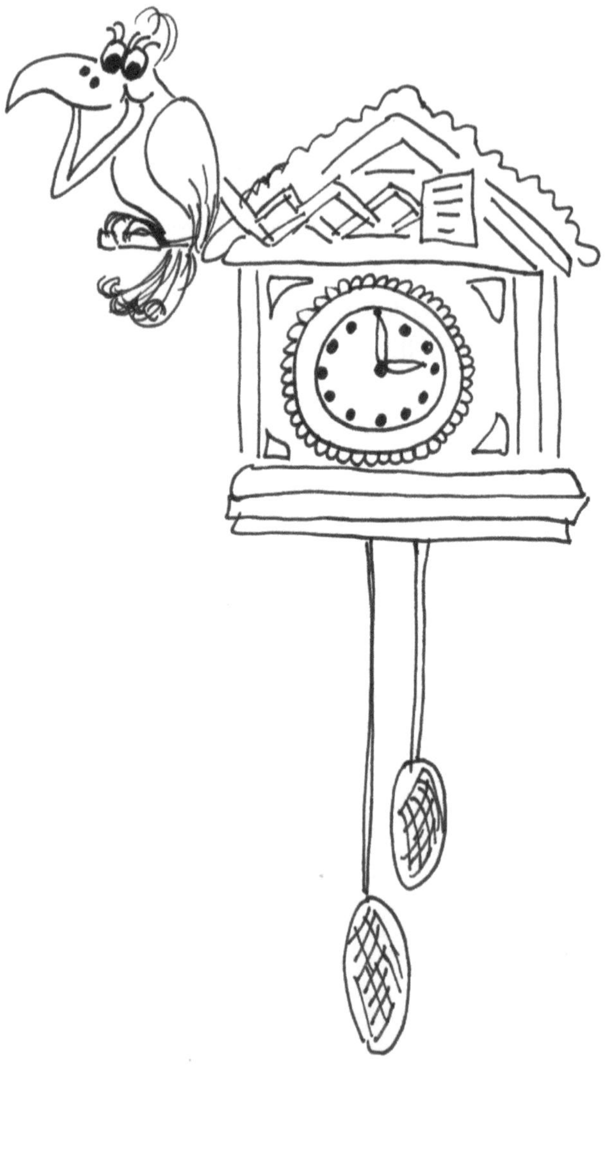

MITTEN IN DER LEBENSZEIT

Einmal Glück
und einmal Freud
und nie mehr eine Traurigkeit,
oh, was fühl ich mich befreit
so mitten in der Lebenszeit.

GLAUBEN

Unsere Wünsche sind schwerelos
und wir Unendlichkeit
in unserer Zeit.
Es ist kein Ende in Sicht
und es gibt einen Himmel,
der dir jede Hoffnung verspricht,
wenn du selbst nicht deinen Glauben daran zerbrichst.

FAHRTWIND

Steh auf,
wenn du am Boden liegst,
damit du frischen Fahrtwind kriegst,
dich nicht länger in der Traurigkeit verbiegst.
Sieh die Glücke in deinem Leben,
wenn sie neue Fröhlichkeit bekommen,
denn dann ist dein Herz nicht mehr beklommen
und die Freude wird wiederkommen.

LEBENSETIKETT

Glücklich sein hat ein Rezept,
das sich in jedem Lachen versteckt,
so hat der liebe Gott das ausgeheckt,
damit wird die Traurigkeit verschreckt,
so ist des Lebens Etikett
auf der Welten großem Bankett.

ERKENNTNISSE DES DRITTEN STREICHS ...

WAS ist bis jetzt in Deinem Leben der größte Wunschtraum gewesen,
der sich erfüllt hat?
Schreib ihn auf, doch schreib auch die kleinen Wunder auf, die Dir begegnet
sind, damit Du sie nicht vergisst.

. . . .

. . . .

. . . .

. . . .

. . . .

. . . .

. . . .

. . . .

. . . .

. . . .

. . . .

. . . .

. . . .

. . . .

. . . .

. . . .

75

VIERTER STREICH ...

Wie fühlt es sich an, immer mehr zu erkennen, der Designer des eignen Lebens zu sein?
Der Autor, der das Drehbuch des Lebens schreibt, oder der Maler, der das Bild des Lebens malt?

SPÜRE IN DICH HINEIN, DENN HIER KOMMEN MEINE LETZTEN WUNDERGEDICHTE ZU DIR,
LASS SIE DEINE WELT VERÄNDERN.

Schlafende Wünsche soll man wecken, damit sie **Sich im Regenbogen der Seele** finden und man im eigenen **Kosmos** mit **Vertrauen** das Abenteuer der **Wunderweltreise** starten kann.
So bestellt der **Sieg der Vorstellungskraft** das **Wunder to go**.
Du erkennst, **Du bist das All** und **Das Universum ist hier**, denn **Das Leben gehört dir allein**.
Hoch sollen alle Wünsche leben, denn am Ende wird alles **Gut**.

SCHLAFENDE WÜNSCHE

Ich habe da so viele Wünsche in mir,
die irgendwann zu meinen Wundern werden.
Sie schlafen nur und träumen sanft,
sind glückselig in sich selbst versunken
und sprühen herrlich bunte Funken.
Sind auf meinen Seelengrund gesunken,
von dort aus habe ich ihnen zugewunken,
diesen kleinen frechen Halunken.
Es leben meine Wünsche,
kann sie leise denken hören,
meine Seelenfeuerwunschfunken,
von ihnen bin ich gern volltrunken,
meine herrlichen Lichtwunderfunken.

SICH IM REGENBOGEN DER SEELE FINDEN

Ich glaube an Wunder,
ich glaube an Träume
und mein Ich ist ein Wir,
so bin ich immer auf der Suche nach mir.
Kann mich in jedem Regenbogen finden
und mich selbst als Freund gewinnen.
So kommt das Glück zu mir
und ich bin meine eigne Zier,
ganz tief in mir
mein eigenes WIR!

79

KOSMOS

Der Kosmos ist überall
seit dem großen Knall,
wir hören noch den Schall
überall im All.
Es klingt wie das schönste Kristall,
also bleiben wir am Ball,
damit es noch lange dauert bis zum Fall,
dem letzten Knall!

VERTRAUEN

Du kannst sein,
was du willst,
wenn du bist, was du kannst.
Nichts ist unmöglich,
alles kann sein,
solange du an dich glaubst,
nach vorne schaust
und dir vertraust.

WUNDERWELTREISE

Lad dich selbst zu einer Reise
in die Welt der Wunder ein,
dann wird dein Leben ein Abenteuer sein.
Sei dir selbst der beste Begleiter,
so bleibt alles in deinem Leben heiter.
Sei dein eigenes Universum,
lass dich von deinen Träumen ausfüllen,
so kannst du dich in Sonnenschein einhüllen
und dir jeden Wunsch erfüllen.

83

SIEG DER VORSTELLUNGSKRAFT

Wenn die Vorstellungskraft erwacht,
sind die Wünsche nicht mehr weit.
Gut ausgedacht und mit Liebe erfüllt,
kommen sie ins Leben und sind ganz wild.
Du brauchst nur ein genaues Bild,
dann wird es zur Realität werden
und dir begegnen auf Erden.
Die Vorstellungskraft wird immer siegen,
dafür brauchst du dich nicht verbiegen,
kannst dich in deinen Wünschen wiegen,
wirst sie mit genug Lebensenergie schon kriegen
und bist endlos zufrieden!

WUNDER TO GO

Eine Bestellung beim Universum:
Einmal „Wunder to go", bitte,
dann bin ich wieder in meiner Mitte,
so wundervoll kann das Leben sein,
und ich in meiner Seele rein,
tief in mir drin daheim.

DU BIST DAS ALL

Du bist das All,
in dir lebt der Kosmos,
deine Wünsche sind das Universum.
Lass deine Gedanken zu Sternschnuppen werden
und kleine Funken gebären,
so werden Ideen erwachen,
die ein Feuer entfachen,
das bringt dein Leben zum Lachen.

DAS UNIVERSUM IST HIER

Das Universum ist hier,
das Universum lebt in dir.
Das Universum, das sind wir.
Das Universum gehört dir und mir.
Lass uns an das Universum glauben
und der Traurigkeit die Chancen rauben,
so wird der Frohsinn zur Wunscherfüllung
nur noch unser Lachen brauchen.

DAS LEBEN GEHÖRT DIR

ALLEIN

Das Leben ist so schön,
wie du es denkst.
Das Leben ist so toll,
wie du es lenkst.
Das Leben ist so wundervoll,
wie du es kennst.
Das Leben leuchtet mit dir,
wie du selbst glänzt.
Das Leben lacht mit dir,
wenn du nicht wegrennst.
Das Leben gehört nur dir allein,
wenn du dich nicht von seinen Wundern trennst.

HOCH SOLLEN ALLE WÜNSCHE LEBEN

Unterwegs in meinem Wunderland
kommen die Wunder angerannt.
Vor Freude bin ich ganz gebannt,
hätt ich`s, ohne zu träumen, nicht erkannt.
Hoch sollen alle Wünsche leben,
über allen Hoffnungen schweben,
so wird es wieder Wunder geben
und Träume beginnen zu leben,
dem Frohsinn ist`s ein Segen.
Die Freude fängt an zu tanzen,
so lachen die Abenteuer im Ganzen,
es gibt keine Schranken,
nichts bringt mich mehr zum Wanken.
Ich find`s wunderbar
und genieße jeden Augenblick,
so kommt das Glück zu mir zurück
in meiner Seele Wunderland
kommen die Wunder angerannt.

GUT

Wenn du an deine Wünsche glaubst,
der Hoffnung die Ungewissheit raubst,
werden deine Wünsche wahr
und plötzlich sind sie als Wunder da.
Lerne, dir selbst wieder zu vertrauen,
die Angst endlich zu durchschauen,
habe ständig frischen Mut,
so wird alles wieder gut.

ERKENNTNISSE DES VIERTEN STREICHS ...

JETZT weißt Du, wie es sich anfühlen kann, im eignen Wunderland zu
Hause zu sein, und wie Wünsche in Erfüllung gehen, wenn man
sie selbst zaubert.
Schau Dir Deine eigene Lebensreise an, wofür bist Du besonders dankbar?
Schreib sie alle auf, Deine dankbaren Glücke, damit sie einen Ort
zum Wohnen haben.

. . . .
. . . .
. . . .
. . . .
. . . .
. . . .
. . . .
. . . .
. . . .
. . . .
. . . .
. . . .
. . . .
. . . .
. . . .
. . . .

SCHLUSSHOFFNUNG

Ich hoffe,
dass Dir in Zukunft überall Wunder begegnen werden,
da Du es schaffst, in allem, was ist,
das Faszinierende zu entdecken
und mit der Kraft Deiner Träume
Deine eigene Realität zu erschaffen.
Denn Träume sind da,
um in der Wirklichkeit als Wunder
wiedergeboren zu werden.
Glaube an das,
was Du Dir wünschst,
damit es werden kann, und ich glaube daran,
Dich bald wiederzusehen in meiner wundervollen
Welt der Poesie ...

Wundertütenpoet